DISCOURS
FUNÈBRE,
PRONONCÉ

PAR Mᵉ OSSELIN,
AVOCAT,

PRÉSIDENT DU DISTRICT

DES PETITS-AUGUSTINS,

Après la Messe Patriotique que l'Assemblée a fait célébrer en l'Eglise de Saint-Sulpice, par les R. P. Augustins, le Lundi 10 Août 1789, pour le repos de l'ame des Citoyens morts en combattans pour la Patrie.

Imprimé à la réquisition & en conséquence de l'Arrêté de l'Assemblée du 12 Août, & au profit des Pauvres du District.

1789.

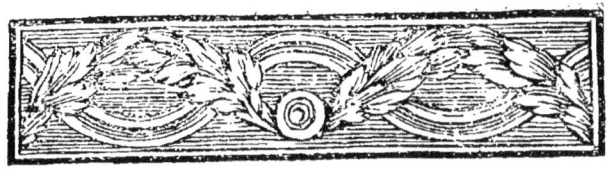

DISCOURS
FUNÈBRE,

PRONONCÉ *par M^c. OSSELIN, Avocat, Président de l'Assemblée du District des Petits-Augustins, après la Messe patriotique que l'Assemblée a fait célébrer en l'Eglise de Saint-Sulpice, par les R. P. Augustins, le Lundi 10 Août 1789, pour le repos de l'ame des Citoyens morts en combattans pour la Patrie.*

CITOYENS,

La révolution du siècle de Louis XVI est sans doute la plus mémorable dont les écrits & les monuments puissent conserver la mémoire. La guerre, les belles-lettres & les arts ont successivement permis à la France d'occuper dans l'Histoire une place digne du courage, des connoissances & du génie de ses généreux habitans; mais le jour étonnant où le peuple le moins exercé à ce qu'on appelle le grand art des combats, a surpassé par une puissance miraculeuse & subite tout ce que la tactique la plus habile & le courage le plus ferme ont de sublime & d'héroïque, ce jour, ô mes Concitoyens ! doit être le plus grand jour de la France, au moment où la France est la nation la plus glorieuse du monde ; & les Ecrivains que leur bonheur a rendu témoins de cette révolution presque magique, auront à consoler tous les peuples de la terre de la nécessité où ils sont d'effacer par le simple récit des hauts faits d'une seule journée, tout ce que les événemens antérieurs avoient offert de précieux à l'étude & à l'admiration des savants, des guerriers, des artistes & des philosophes du monde.

Nous sommes réunis en ce Temple pour rendre à ces Citoyens vertueux dont le sang a coulé pour la liberté les honneurs si légitimes que nous devons à leur patriotisme, je ne vous inviterai pas à verser des larmes sur la tombe de ces héros ; la mort pour cette fois ne fera pas couler ces pleurs qui baignent habituellement ses cercueils, nos regrets doivent être plus dignes du trépas de ces héros Citoyens & de tous les sentimens qui portent à nos yeux les caractères touchans de notre sensibilité, la douleur seroit dans ce moment le moins convenable à notre reconnoissance & à notre respect pour des hommes dont la mémoire ne doit faire naître que l'admiration en nous pénétrant du desir salutaire de conserver dans les bornes de la sagesse cette liberté précieuse qu'ils ont reconquise en un moment sur le puissant empire du despotisme ministériel.

Nous les avons perdus ces hommes courageux, ces martyrs immortels du patriotisme & de la liberté ; mais ce n'eſt point en déplorant une mort trop digne d'envie, c'eſt en rediſant leurs vertus, qui ſont celles du bon Citoyen, que nous ſerons dignes de parler d'eux.

Nous les avons perdus, mais c'eſt en profitant des grandes leçons que leur trépas nous a laiſſées que nous nous rendrons dignes de les avoir poſſedés.

Le bon François, le bon Citoyen, voilà le héros de la Baſtille ſous ſon premier rapport avec ce diſcours.

Les avantages immenſes que le bon Citoyen doit recueillir de la glorieuſe journée de la Baſtille, voilà le vainqueur de ce redoutable fort, ſous ſon ſecond rapport avec ce diſcours.

Le bon Citoyen nous a régénerés par ſes vertus & ſon courage ; première partie.

Le bon Citoyen après ſa mort nous apprend à conſerver le tréſor précieux d'une ſage liberté ; ſeconde partie.

Puiſſions-nous, ô mes Concitoyens! laiſſer à notre poſtérité, une tradition telle que les ſiècles à venir n'oſent décider dans la balance de leur jugement formidable, qui de nous aura le plus mérité l'eſtime & la reconnoiſſance de nos deſcendans ou de ceux qui par une énergie plus qu'humaine auront déterminé la révolution mémorable de la France, ou de ceux qui par la prudence & la modération en auront aſſuré la gloire & les ſuccès.

PREMIERE PARTIE.

Tant que les hommes ont vécu sous l'empire de la seule raison, & que les distinctions honorifiques ont été personnelles au mérite, chaque individu naissoit tributaire de son intelligence & de ses facultés envers la société, qui toute nécessaire qu'elle étoit sans doute, fut le premier pas vers l'esclavage.

Le François sur-tout semble né pour ce servage social il étoit doux à souffrir jusqu'au moment où le desir de s'élever au-dessus de ses frères par ses qualités morales ou physiques, s'est changé en un esprit de domination qui bientôt a fait éclore le germe impur de l'ancienne féodalité; à cette époque l'homme s'est avili, la divine liberté a vu couvrir son front auguste du masque hideux de la servitude, mais ceux qui s'étoient arrogé le privilège insultant d'être les hommes par excellence ne tarderent pas à expier leur ambition par les excès de leur ambition elle-même. On sait combien les conquêtes & les entreprises des Seigneurs entre eux ont fait couler de sang & fomenté des guerres civiles ; ce n'étoit pas assez pour les partisans du Gouvernement féodal d'avoir fait passer dans leurs mains la propriété de toutes les terres & des serfs que le sort y avoit attachés, ils se disputoient encore mutuellement leurs victimes & cherchoient à étendre leur tyrannie sur les tyrans eux-mêmes dont ils ambitionnoient les possessions criminelles.

Ce ne furent pas seulement les campagnes qui éprouvèrent dans ces tems malheureux les funestes effets de la trop grande inégalité des conditions & des fortunes ; les villes, sous la première race de nos Rois, conservèrent à peine leur Sénat, leur corps de Bourgeoisie, leurs Tribunaux particuliers & cette forme de Gouvernement tranquille qu'elles tenoient de leurs conquérans. Sous la seconde race, les champs & les villes ont été plongés dans la servitude & la misère, qui en est la compagne éternelle, & vers le commencement de la troisième race, l'œil affligé de l'Historien ne découvre guères dans toute la France que des Seigneurs & des serfs.

Plus de Citoyen, plus de Monarchie. Cette vérité frappa l'esprit des Rois. Le besoin de réduire la puissance, trop redoutable de leurs vassaux, leur inspira l'heureuse idée de rendre à ceux de leurs sujets qui habitoient les villes, des Chartres de Commune qui les rappelloient à leur état de liberté primitive, leur donnoient le droit de s'assembler & de délibérer entre eux sur leurs intérêts particuliers, de se choisir des Officiers pour gouverner & pour veiller à la défense commune ; & le plus grand avantage que trouvèrent les Rois dans cette restitution, fut sans contredit de s'assurer des troupes de Citoyens qui pourvussent à la défense des villes confiées désormais à la garde de leurs propres habitans, & qui fussent dignes & capables de prendre la défense de leur Souverain contre les entreprises hardies de l'audacieuse féodalité.

A peine les Communes font-elles rétablies en France, que le calme & la tranquilité renaissent dans toutes les parties du Royaume, c'est à des Citoyens & non à des esclaves que Louis le-Gros & Philippe-Auguste durent le peu de succès qu'ils obtinrent contre la témerité de leurs vassaux.

La raison & la vérité sont de tous les tems. Le bon Citoyen avant le douzième siècle tranquilisa les descendans de Clovis & de Charlemagne; le bon Citoyen sous le règne glorieux de Louis XVI a merité l'honneur d'anéantir l'esclavage & de rétablir le François honteux & humilié de son état, dans le plus beau droit de l'homme, droit précieux qu'il avoit trop long-temps méconnu, la Liberté. C'est, n'en doutons pas, Messieurs, aux vertus de bon Citoyen, & non pas à la connoissance de l'art meurtrier des conquérans que nous devons les succès & la gloire de nos armes bourgeoises; quelle troupe, quelle légion du genre de celles qui n'ont aucune liaison sociale avec notre immense Cité, eût été capable de cette étonnante énergie ! Quels cœurs, autres que des cœurs François, eussent enfanté & exécuté presqu'au même moment parmi nous des projets si hardis & des desseins si fiers ! Seroit-ce une ame étrangère qui concevroit la tendre & active sollicitude d'un père de famille allarmé sur le sort de sa femme & de ses enfans ? Appartient-il à une soldatesque purement mercenaire de s'embraser de ce feu sacré dont une étincelle a suffi pour électriser toute la France, & dont l'ardent foyer a fait de la capitale une incendie de patriotifme ? Nous admirons avec raifon les puiffants effets de la difcipline militaire. Mais quel méchanifme affez parfait ? Quel rouage affez puiffant près des efforts invincibles de huit cens mille bras que leve une feule famille frappant pour la défenfe de fes foyers, les coups terribles du plus faint défefpoir ?

C'eft vous que j'invoque, vous nos amis, vous généreux & braves foldats, à qui la France entière doit des autels, monumens trop peu durables de fa reconnoiffance. Euffiez-vous été capables du zèle & du courage admirable qui nous ont tous fauvés, fi vous n'euffiez pas eu parmi nous votre famille, vos affections & vos amis, & fi vous n'euffiez pas entendu retentir jufqu'au fond de vos cœurs cette voix touchante de la Nature qui vous a dit : malheureux que vas-tu faire ? De qui vas-tu te rendre homicide ? & fais-tu fi dans la fureur d'un carnage ton bras impie ne frappera pas ton père, ou fi ta main facrilège ne déchirera pas le fein d'une tendre mère qui ne s'expofe à tes coups que par inquiétude fur ton fort & pour mettre encore fes foibles bras entre ta poitrine & la mort qui te menace. Oh mes amis ! oh mes frères ! nous étions perdus fi vous n'euffiez été que des foldats ; mais vous êtes des foldats Citoyens, & la Baftille a tombé fous le glaive du patriotifme.

DEUXIEME PARTIE.

La France a recouvré sa liberté, le meilleur des Princes en a goûté les délices en brisant l'étiquète barbare qui interpose la Cour des Rois & leur garde inutile entre les Rois & leurs fideles sujets, le Monarque a vu ses enfans face à face, le calme le plus salutaire va succéder aux plus terribles sécousses, les dignes Représentans de la Nation qui déjà ont fait en une seule nuit tous le bien qu'on n'osoit à peine attendre de tout un siècle, s'occupent sans relache d'une bonne & solide Constitution. La confiance publique, cette ressource inépuisable des grands Empires a déjà dévancé près du Trône le retour du digne Ministre qui sçait la maîtriser par ses talens & ses vertus. Tous les bonheurs nous pénètrent à la fois. Oh! mes Concitoyens, je vous en conjure par nos anciens malheurs, ne perdons pas par notre faute le fruit si précieux des travaux & de la mort de nos frères! ne souffrons pas que la licence meurtrière étouffe dans son principe le germe encore si délicat & si tendre de l'arbre de vie qui va croissant sur leur tombeau, & si des cercueils sont devenus le berceau de notre liberté, conservons à la mort de ces Héros-Citoyens l'honneur de notre régénération, en nous montrant dignes de la nouvelle vie que leur trépas nous assure.

Quelles instructions pour les Rois, mais aussi quelles leçons pour les peuples, que les révolutions des Empires ! ces météores politiques laiffent souvent après leur éclat des suites funestes aux uns & aux autres; le sceptre est souvent brisé sans que les sujets soient plus heureux ; si l'opprobre & la misère suivent de près l'asservissement des peuples, l'anarchie, fléau plus terrible que le despotisme est souvent aussi le seul effet du renversement des Trônes. Bénissons le Ciel de ce que la révolution de la France peut ajouter à la gloire & à la stabilité du Trône François, en même tems qu'elle peut établir pour jamais les droits de l'homme & la liberté du peuple.

Que les Loix sages formées par le concours heureux du Monarque & de la Nation défendent à jamais la Monarchie de ce pouvoir illimité que les ennemis des Rois étendent encore au gré de leur insatiable cupidité, ou de leur ambition ridicule, que l'austère vigilance des Loix de la Monarchie, mettent le Monarque dans l'heureuse impuissance de flétrir ce titre le plus grand le plus superbe de toutes les Puissances du monde, qu'il ne puisse jamais être confondu avec ce titre odieux qui fait d'un despote le bourreau couronné d'une vile & ignorante populace pour laquelle, faute d'amour & d'estime qu'il ne peut lui accorder, il ne conçoit jamais que des sentimens féroces & des projets sanguinaires sur lesquels sont établis toute la gloire de son Empire & la sûreté de sa personne.

Que l'usage tempéré d'une liberté sage & respectueuse défende aussi les François de ces insurrections populaires qui deshonorent &

affligent la liberté même. Que la vivacité d'un sang pur & généreux n'éprouve pas les accès terribles d'une fièvre homicide, & que les coupables qu'on doit punir n'ayent pas l'honneur d'avoir péri comme des victimes immolées, tandis qu'ils doivent, après un jugement être traînés au supplice que les loix réservent aux criminels. La timide innocence fuiroit un pays qu'elle doit chérir, s'il étoit possible que les exécutions subites & privées d'instructions pussent la conduire à l'échaffaut sur des rapports ou des ressemblances souvent trompeurs, & qui ne peuvent acquérir de considération en matiere capitale qu'après les informations les plus précises & les plus exactes sur l'existence, l'auteur & les complices du crime.

Ces maximes étoient les vôtres sans doute, vertueux Citoyens, dignes défenseurs de notre liberté, glorieux libérateurs de vos frères; ils étoient dans vos cœurs ces principes que la raison & l'humanité ont gravés dans le cœur de tout bon Citoyen, & vous n'eussiez pas versé si généreusement votre sang pour le maintien des loix & pour la liberté, si vous eussiez moins respecté les droits sacrés de l'humanité. C'est autour de vos tombeaux, sanctuaires augustes de la sainte liberté, que sont gravées les leçons divines qui apprennent à tous les hommes, dans quel tems il est beau de perdre la vie pour le salut commun, mais dans quel tems il est juste aussi de jouir en paix de ces jours heureux qui doivent être pour la France & pour ses Rois la consolation la plus digne des pertes qu'ils ont faites pendant la crife falutaire qui nous a régénérés.

Et quels inftans, ô mes Concitoyens! quels momens plus favorables pour le beau filence de l'ordre & pour la tranquille activité de la paix, quel grand exemple à donner à tous les peuples de la terre! quel tableau, furtout pour cette étonnante Nation, avec qui le fort des armes nous a permis de partager l'Empire des Mers, & qui, témoin d'une révolution qu'elle admire, fera forcée de mettre fon génie à de nouvelles épreuves pour atteindre à la perfection & à la grandeur de notre exiftence politique.

Quel beaux momens, pour fentir tout le prix des écrits immortels de ces grands hommes, tréfors perdus pour le monde littéraire. Ne doutons pas de leur influence fur les événemens de ce fiècle, pourquoi Copernic & Newton n'ont-ils pas affez vécu pour jouir de l'accompliffement des époques mémorables qui ont affuré les fyftêmes que leur génie avoit créés d'après l'ordres des chofes? Pourquoi le célèbre Auteur de la Henriade n'a-t-il pas vu tomber cette odieufe forterefle, à laquelle il a porté les coups terribles & invincibles de l'opinion publique? Pourquoi n'eft-il pas témoin de la réformation des loix quand il a juftifié les Calas & les Syrven? Pourquoi n'eft-il pas parmi nous pour effacer généreufement de fes écrits tout ce que les élans d'une imagination brûlante ont pu lui dicter d'erreurs ou de méprifes? Quel beau Chapitre obtiendroit dans fes ouvrages l'éloge fublime

(14)

de notre sainte-Religion quand il auroit sous les yeux les grands événemens qui, sans toucher à la doctrine apostolique, ont entraîné les Princes de l'Eglise dans la marche uniforme & majestueuse que la Nation s'est ouverte vers sa liberté, son bonheur & sa gloire ? Quel description touchante seroit la juste recompense de ce dévouement sublime, qui du saint Monastère où nous sommes établis & reçus avec tant de fraternité & de confiance, s'est déjà répandu dans toutes les maisons Religieuses du Royaume qui consacrent à la vertu militaire & au repos des vieux Guerriers, ces saints édifices trop longtems privés de cette édifiante hospitalité. Nous vous avons perdus, hommes à jamais dignes de notre admiration & de nos regrets ; mais nous avons le bonheur de te posséder, jeune Héros, dont le nouveau monde a connu la puissance & la valeur ; quelles espérances ne laissent pas à ton pays ton courage & ton patriotisme après les succès qui ont couronné tes travaux dans une terre étrangère où ta glorieuse destinée semble t'avoir porté pour t'exercer dans l'art sublime des heureuses révolutions, si tes essais pour l'Amérique assurent à ces nouveaux Etats la première place dans l'Histoire choisie des meilleurs Gouvernemens ; combien devons-nous attendre de tes talens & de ton cœur quand tu viens consommer pour ta Patrie le grand œuvre de sa régénération politique.

Et toi, dont les vertus surpassent encore les grands talens, toi, pour qui les Académies n'ont plus de couronnes, sage & savant Bailly, c'est à toi, qu'il appartient de gagner les cœurs & de maîtriser les esprits par ton éloquence touchante & la solidité de ton entraînante logique, la France a senti toute ta valeur, lorsqu'au sein des orages ta main habile & pure tenoit le gouvernail de ses affaires. Quelle modestie franche & noble, quelle fermeté, quelle dignité n'as-tu pas montrées dans ces premiers instans de crise où la plus petite partie de la Nation divisée contre la Nation presqu'entiere, étoit prête à signaler sa dissolution, plutôt que de renoncer à des privilèges dont le moindre vice étoit d'être mal établis, & qui pour être antiques n'en étoient pas plus raisonnables. C'est devant toi que se sont dissipés ces préjugés ridicules sur les décisions de l'Assemblée Nationale, & si cet auguste Tribunal n'a pas reçu sous ta présidence, les derniers soupirs de la mourante Aristocratie, les coups terribles qu'elle a reçus à cette époque mémorable avoient été jugés mortels par tous ceux qui l'avoient vu frapper ce monstre destructeur de la bienfaisante Monarchie.

Quelle recompense plus digne de vous, hommes à jamais vénérables, quel emploi plus convenable à vos talens & à vos vertus que d'avoir encore du bien à faire? La Capitale à revendiqué son Législateur & son Général; une acclamation universelle est sanctionnée par l'émission réfléchie de tous les vœux particuliers, leur premiere fonction est de recevoir couvert des glaives défenseurs &

des bénédictions de son peuple, le Roi *Citoyen que ses sujets viennent de conquérir sur les plus puissans ennemis de sa gloire & de son bonheur*, la subsistance inquiétante d'une population immense occupe jour & nuit leur sollicitude paternelle; la création des Loix Municipales & Militaires soumises à l'examen de leurs Concitoyens ne sera pas le terme de leurs travaux, le pouvoir législatif obtient sans efforts la juste prépondérance sur le pouvoir exécutif qui s'énorgueillit de cette déférence pour les loix, & le triomphe de ces deux puissances sera complet lorsque par la réunion de leurs efforts généreusement combinés, nous jouirons du bonheur inaltérable d'une liberté que les loix protegeront non-seulement contre tout attentat étranger, mais qu'elles défendront encore des coups funestes qu'elle pourroit se porter à elle-même par l'abus de ses propres forces & de son pouvoir personnel.

Alors, ô mes Concitoyens! vous aurez recueilli tout le fruit que vous devez attendre d'une révolution qui doit inscrire le nom François aux temples du bonheur, de la sagesse & de l'immortalité.

DIXI.

OSSELIN, Président.

De l'Imprimerie de QUILLAU, rue du Fouare N° 3, 1789.

www.ingramcontent.com/pod-product-compliance
Lightning Source LLC
Chambersburg PA
CBHW071447060426
42450CB00009BA/2321